ストン と ワンピース

JN186472

Quoi?Quoi? [コアコア]

CONTENTS

01A　フレア袖のタックワンピース　P.3、P.6

01B　フレア袖のタックワンピース　P.4

02A　ウエスト切替えのギャザーワンピース　P.7

02B　ウエストポイントのギャザーワンピース　P.8

02C　五分袖のギャザーワンピース　P.9

03A　後ろリボンのAラインワンピース　P.10

03B　袖口ダブルのVネックAラインワンピース　P.12

03C　ラウンドネックのAラインワンピース　P.13

04A　肩ギャザーのロングワンピース　P.14

04B　肩ギャザーのローウエストワンピース　P.15

05A　バイカラーのポケットつきワンピース　P.16

05B　バイカラーのフレンチスリーブワンピース　P.17

06　パネルフレアのワンピース　P.18

07A　ノースリーブのVネックワンピース　P.20

07B　ノースリーブのボートネックワンピース　P.21

08　前タックのスクエアネックワンピース　P.22

09　ギャザースリーブのワンピース　P.24

10　カシュクールドレープワンピース　P.25

11　クロスタックワンピース　P.26

12　シンプルラインのフレンチスリーブワンピース　P.28

13　袖口タックのワンピース　P.29

14A　セットアップのセパレートワンピース　P.30

14B　セットアップのセパレートワンピース　P.31

15　アンダードレス　P.32

HOW TO MAKE　P.33

01A

01B フレア袖のタックワンピース
01Aの生地違い。リバティプリントで作ると女性らしさが引き立ちます。
how to make P.34

01A フレア袖のタックワンピース
袖にたっぷりとフレアを入れました。無地で作ると
タックが強調されてシャープな印象になります。 how to make P.34

02A ウエスト切替えのギャザーワンピース
脇に向かってカーブを描くようにギャザーを入れました。
いつものギャザーよりもすっきり見える大人のギャザーです。　how to make P.36

02B ウエストポイントのギャザーワンピース
02Aのアレンジ。衿ぐりは鎖骨の隠れるバランスにして、
ウエストに切替え布をつけました。 how to make P.38

02C 五分袖のギャザーワンピース
02Bに五分袖をつけました。後ろあきはリボンになっていますが、
ループにしても。 how to make P.40

03A 後ろリボンのAラインワンピース
大きめのリボンを後ろでくるり。ほどよいすっきりシルエットに。
how to make P.41

03B 袖口ダブルのVネックAラインワンピース
鎖骨がきれいに見えるよう、ネックラインのバランスに気を配りました。
袖口は無造作にまくったようなラフな折り返しに。　how to make P.44

03C ラウンドネックのAラインワンピース
手首からひじにかけてのラインがきれいに見えるよう、袖丈にこだわりました。
縫いやすい袖つけです。　how to make P.45

04A 肩ギャザーのロングワンピース
足がすっぽり隠れるくるぶし長さのストンとしたシルエット。
丈はお好みですが、このくらい長くてもおしゃれだと思います。　how to make P.46

04B 肩ギャザーのローウエストワンピース
少し下がったウエスト位置にリボンでギャザーを寄せます。
ギャザーのボリュームはお好みで。　how to make P.48

05A バイカラーのポケットつきワンピース
色合せが楽しいバイカラー。ハイウエスト切替え。
肩からひじまでがすっきり見える袖丈です。　how to make P.50

05B バイカラーのフレンチスリーブワンピース
身頃つづきの袖にして、ローウエストで切り替えた場合。
好きな色合せで作ってください。　how to make P.52

06 パネルフレアのワンピース
前中心にタックを入れ、後ろ中心をパネル切替えにすることできれいなフレアが生まれます。
動きやすいように袖下にまちを入れました。　how to make P.54

07A ノースリーブのVネックワンピース
シンプルなAライン。動いたときにきれいに揺れるシルエット。
how to make P.57

07B ノースリーブのボートネックワンピース
07Aのアレンジでボートネックに。こちらはいろんなタイプのかたに似合いそうです。
how to make P.58

08 前タックのスクエアネックワンピース
袖ぐりがほどよくフィットしているので、カーディガンをはおってもすっきり着られます。
how to make P.60

09　ギャザースリーブのワンピース
袖にギャザーをたっぷりと入れた華やかな一枚。
無地のローンで作っても、きっとすてきです。　how to make P.61

カシュクールドレープワンピース
前中心に大人っぽくさり気なくドレープを入れました。レース地のスカラップを生かしたデザインです。
薄手の無地やプリント地もおすすめです。　how to make P.63

11 クロスタックワンピース
後ろ姿もすてきに見えるよう、後ろ中心で交差するタックを入れました。
腕のラインをきりりと見せる七分袖。スラッシュポケットつきです。　how to make P.66

12 シンプルラインのフレンチスリーブワンピース
肩のラインがきれいなフレンチスリーブです。
リネンで作ってもかわいいと思います。　how to make P.69

13 袖口タックのワンピース
ふんわりとした袖ですが、袖口をタックにすることで、
ほどよい甘さの大人のワンピースになります。　how to make P.70

14A セットアップのセパレートワンピース
上下着用したときにワンピースのように見えるセットアップ。
こちらはウールで。　how to make P.76

14B セットアップのセパレートワンピース
さわやかなレース地でも。ボーダーやストライプの生地もおすすめです。
インナーには15のアンダードレスを。 how to make P.72

15 アンダードレス
透けやすい一枚仕立てのワンピースのインナーに。
一枚あればとても便利です。　how to make P.74

HOW TO MAKE 作り始める前に

実物大パターンの使い方

1. サイズを選ぶ

付録の実物大パターンは、S、M、L、2L、3Lの5サイズが入っています。下記の「参考寸法表（ヌード寸法）」から自分にいちばん近いサイズを選んでください。

参考寸法表					単位cm
	S	M	L	2L	3L
バスト	78	82	86	90	94
ウエスト	59	63	67	71	75
ヒップ	86	90	94	98	102
身長			154 – 168		

ワンピースの「出来上り寸法」は、各作り方ページに掲載しています。サイズ選びに迷ったときは、手持ちの服で気に入っている服のバストを採寸して、出来上り寸法と照らし合わせてサイズを決めるのも一つの手です。
＊着丈は、Mサイズを基準に統一していますので、お好みで調整してください。写真ページの着用写真のバランスも、ぜひ参考に。

2. パターンの線を写し取る

自分のサイズが決まったらパターンを写し取ります。ハトロン紙などの透ける紙をのせて写します。このとき、パターンに記されているあき止り、ポケット位置、ボタン位置、合い印なども一緒に写します。蛍光ペンなどで線の上をなぞると見やすくなります。※直線裁ちのパーツは作り方ページに製図が載っていますので、それを見てパターンを作るか、または布に直接線を引いてじか裁ちにします。

布地の裁断

1. パターンの配置

作り方ページの裁合せ図を参考にパターンを配置します。裁合せ図はMサイズのパターンを置いた場合になっていますので、サイズによっては配置が変わる場合があります。布の上にパターンを置いてみて、すべてのパターンが入ることを確認してから裁断しましょう。

2. 縫い代をつけて裁断

実物大パターンには縫い代がついていません。裁合せ図に記した縫い代をつけて、カットします。裁断したら、そのままの状態で、出来上り線、パターンに写した印や"前中心"、"後ろ中心"などポイントとなるところをチョークペンシル等で布にかき写します。厚手の生地やほつれやすい生地は、指定の縫い代よりも多めにつけます。

ミシン縫いの前に

1. ミシン針のチェック

ミシン針の先が丸く摩耗していると布地が傷ついてしまいます。針の先に軽く触れて、丸くなっていたら交換します。

2. 試し縫い

縫う前に、同じ布のはぎれで試し縫いをします。布地に対して、針と糸が合っているかを確認し、糸調子や針目の大きさを調整します。針目の大きさは普通地で、1cmに約5目が目安です。

01A
フレア袖のタックワンピース
P.3,6 モデル身長172cm

01B
フレア袖のタックワンピース
P.4 モデル身長169cm

*01A、01Bとも作り方共通

出来上り寸法 左からS / M / L / 2L / 3L
バスト　90 / 94 / 98 / 102 / 106cm
着丈　98cm（参考寸法。好みで調整する）

パターン　2 表
01 前、01 後ろ、01 袖、01 見返し

材料　全サイズ共通
01A　海のブロード（チェック＆ストライプ）108cm 幅
　　　2m70cm
01B　リバティプリント / ザンジー・サンビーム（リバティジャパン）108cm 幅
　　　2m70cm
接着芯　10×20cm
くるみボタン　直径1.2cmを1個

作り方順序　*印は図を参照
1　見返しに接着芯をはり、裁合せ図に示した位置にロックミシンをかける。
2　タックを縫ってミシンでとめる。*
3　布ループを作って後ろ身頃に仮どめする（P.42 3を参照）。
4　肩を縫い、縫い代を割る（P.42 4を参照）。
5　見返しとバイアス布（P.79を参照）で衿ぐりを始末する。*
6　脇を縫い、縫い代を割る。
7　裾を三つ折りミシンで始末する。
8　袖口を三つ折りにし、アイロンをかける。*
9　袖下を縫い、縫い代を割る。袖口を三つ折りミシンで始末する。*
10　袖をつける。*
11　くるみボタンを作り、後ろ身頃につける。

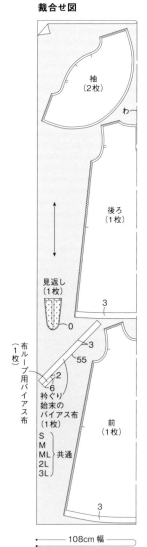

裁合せ図

108cm 幅

*指定以外は縫い代1cm
*▨▨は裏面に接着芯をはる
*～～は縫い合わせる前に
　ロックミシン（またはジグザグミシン）
　をかけておく

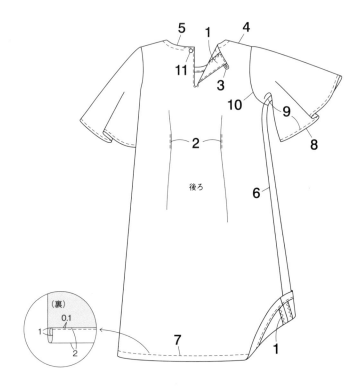

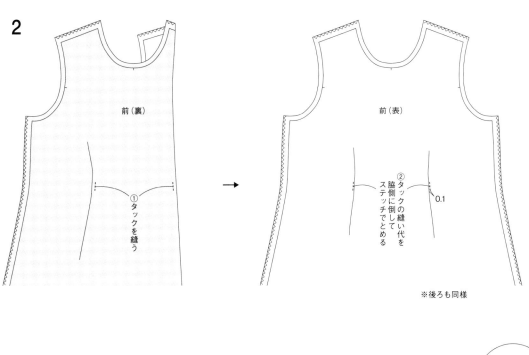
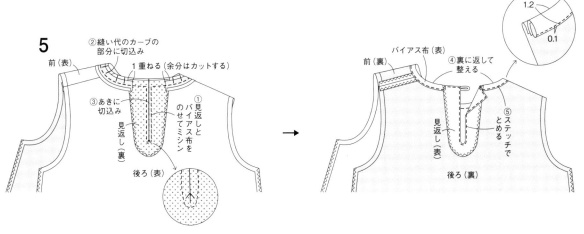
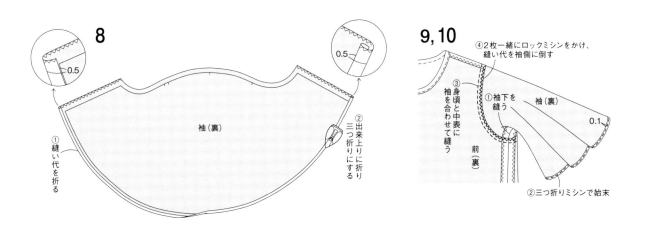

02A
ウエスト切替えのギャザーワンピース

P.7　モデル身長160cm

出来上り寸法　左からS / M / L / 2L / 3L
バスト　93 / 97 / 101 / 105 / 109cm
着丈　98cm（参考寸法。丈は好みで調整する）

パターン　2 表
02A 前身頃、02A 後ろ身頃、02A 前スカート、02A 後ろスカート

材料　全サイズ共通
天使のリネン（チェック＆ストライプ）100cm幅
2m40cm

作り方順序　＊印は図を参照
1　肩を縫い、縫い代を割る（P.42 4を参照）。
2　衿ぐりをバイアス布（P.79を参照）で始末する（P.69 4を参照）。
3　袖ぐりをバイアス布で始末する（P.69 5を参照）。
4　身頃の脇を縫い、縫い代を割る（P.69 6を参照）。
5　スカートの脇を縫い、縫い代を割る。
6　裾を三つ折りミシンで始末する。
7　スカートのウエストにギャザーを寄せ（P.79を参照）、身頃と縫い合わせる。＊
8　袖ぐり下に、縫い代とめミシンをかける。＊

裁合せ図

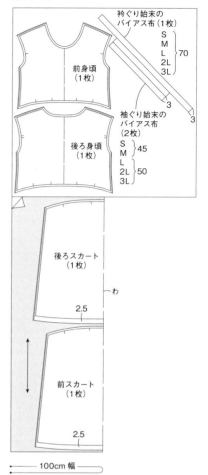

＊指定以外は縫い代1cm
＊～～～は縫い合わせる前にロックミシン（またはジグザグミシン）をかけておく

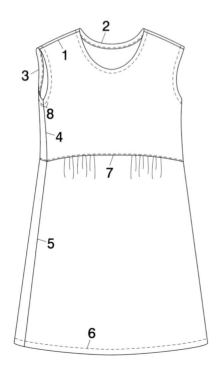

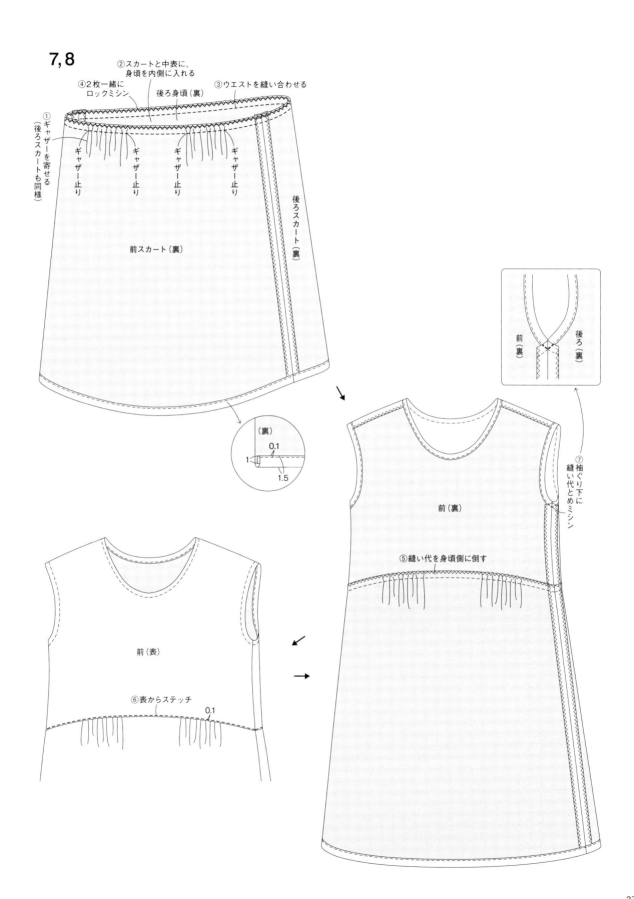

02B
ウエストポイントのギャザーワンピース
P.8　モデル身長165cm

出来上り寸法 左からS / M / L / 2L / 3L
バスト　93 / 97 / 101 / 105 / 109cm
着丈　103cm（参考寸法。丈は好みで調整する）

パターン　2表
02B 前身頃、02B 後ろ身頃、02B 前後スカート、02B 切替え布、
02B 前見返し、02B 後ろ見返し

材料　全サイズ共通
天使のリネン（チェック＆ストライプ）100cm幅
2m30cm
接着芯　55×25cm
ボタン　直径1.2cmのくるみボタン1個

作り方順序　＊印は図を参照
1　見返しに接着芯をはり、裁合せ図に示した位置にロックミシンをかける。
2　身頃の肩と見返しの肩をそれぞれ縫い、縫い代を割る（P.42 4を参照）。
3　布ループを作って仮どめし（P.42 3を参照）、
　　見返しを身頃につける。＊
4　袖ぐりをバイアス布（P.79を参照）で始末する（P.42 6を参照）。
5　身頃の脇を縫い、縫い代を割る。
6　スカートの脇を縫い、縫い代を割る。
7　裾を三つ折りミシンで始末する。
8　スカートのウエストにギャザーを寄せる（P.79を参照）。
　　切替え布の脇を縫って輪にする。＊
9　切替え布に身頃とスカートをそれぞれ縫い合わせる。＊
10　袖ぐり下に、縫い代とめミシンをかける。＊
11　くるみボタンを作り、後ろ身頃につける。＊

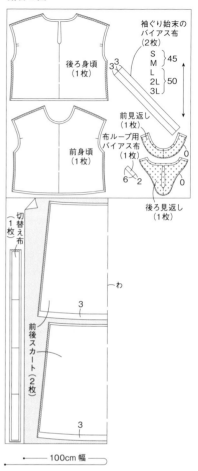

＊指定以外は縫い代1cm
＊ は裏面に接着芯をはる
＊ は縫い合わせる前に
　　ロックミシン（またはジグザグミシン）
　　をかけておく

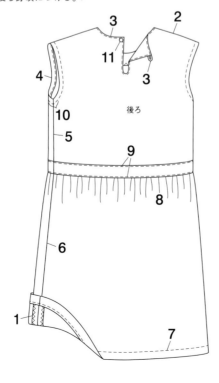

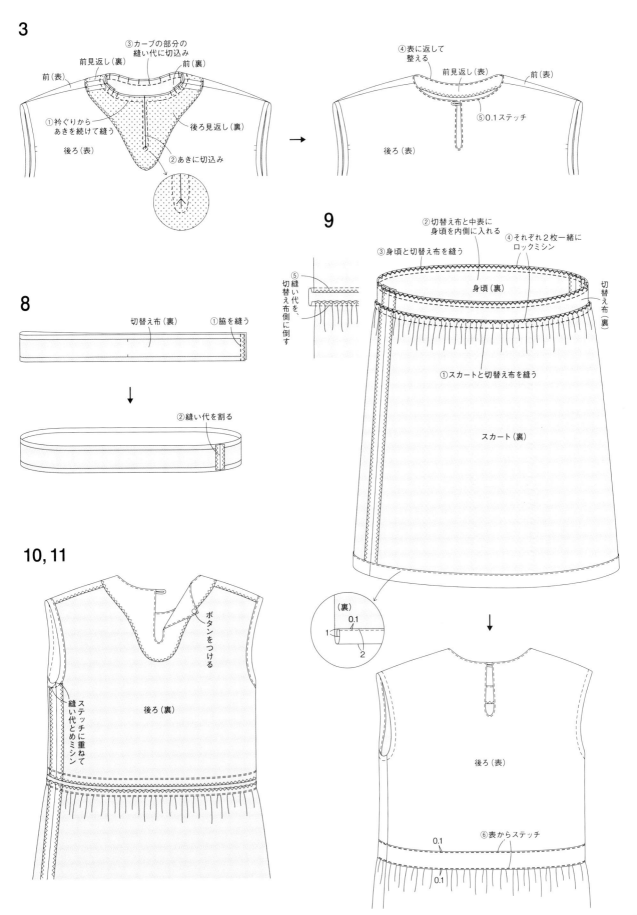

02C
五分袖のギャザーワンピース
P.9　モデル身長170cm

出来上り寸法　左からS / M / L / 2L / 3L
バスト　93 / 97 / 101 / 105 / 109cm
着丈　103cm（参考寸法。丈は好みで調整する）

パターン　2表
02C 前身頃、02C 後ろ身頃、02C 袖、02C 前後スカート、
02C 切替え布、02C 前見返し、02C 後ろ見返し

材料　全サイズ共通
フレンチコーデュロイ（チェック＆ストライプ）105cm 幅
2m30cm
接着芯　55×25cm
グログランリボン　1.5cm 幅 70cm

裁ち方ポイント
毛並みのある布地は一方向にパターンを並べて裁つ。
この場合はなで下ろす方向に置く。

作り方順序　＊印は図を参照
1 見返しに接着芯をはり、裁合せ図に示した位置にロックミシンをかける。
2 身頃と見返しの肩をそれぞれ縫い、縫い代を割る。
　グログランリボンを仮どめする。＊
3 衿ぐりに見返しをつける（P.39 3を参照）。
4 袖をつけて縫い代を2枚一緒にロックミシンで始末する（P.77 5を参照）。
5 袖下から脇を続けて縫い、縫い代を割る（P.77 6を参照）。
6 袖口を三つ折りミシンで始末する。
7 スカートと切替え布の脇をそれぞれ縫い、縫い代を割る（P.39 8を参照）。
8 スカートの裾を三つ折りミシンで始末し、
　ウエストにギャザーを寄せる（P.79を参照）。
9 切替え布をつける（P.39 9を参照）。

裁合せ図

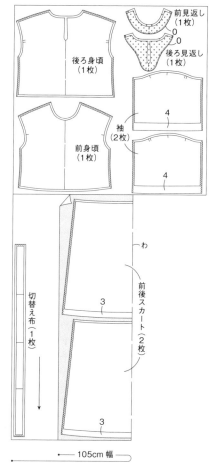

＊指定以外は縫い代1cm
＊ は裏面に接着芯をはる
＊ は縫い合わせる前に
　ロックミシン（またはジグザグミシン）
　をかけておく

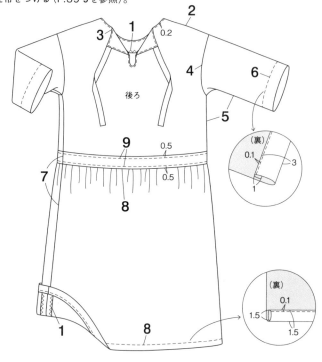

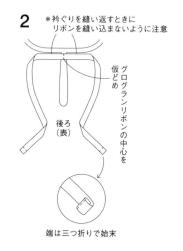

端は三つ折りで始末

03A
後ろリボンのAラインワンピース

P.10　モデル身長169cm

出来上り寸法　左からS / M / L / 2L / 3L
バスト　96 / 100 / 104 / 108 / 112cm
着丈　101cm（参考寸法。丈は好みで調整する）

パターン　1表
03A前、03A後ろ、03A前見返し、
03A後ろ見返し、03Aリボン

材料　全サイズ共通
やさしいリネン（チェック＆ストライプ）　110cm幅
2m70cm
接着芯　60×25cm
ボタン　直径1.1cmを1個

作り方順序　＊印は図を参照
1　見返しに接着芯をはる。
2　裁合せ図に示した位置にロックミシンをかける。
3　布ループを作り、仮どめする。＊
4　身頃と見返しの肩をそれぞれ縫い、縫い代を割る。＊
5　衿ぐりを見返しで縫い返し、ステッチをかける。＊
6　袖ぐりをバイアス布（P.79を参照）で始末する。＊
7　リボンの周囲を三つ折りミシンで始末し、タックを折ってとめる。＊
8　リボンをはさんで脇を縫い、縫い代を割る。＊
9　裾を三つ折りミシンで始末する。
10　袖ぐり下の縫い代をミシンどめ（P.37 7,8を参照）。
11　ボタンを内側につける。

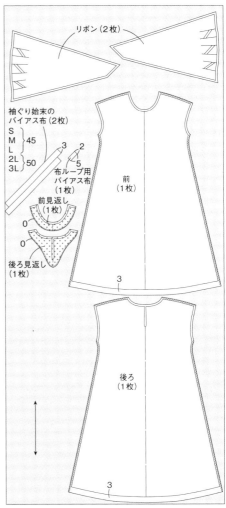

裁合せ図

＊指定以外は縫い代1cm
＊ ░░░ は裏面に接着芯をはる
＊ ～～～ は縫い合わせる前に
　ロックミシン（またはジグザグミシン）をかけておく

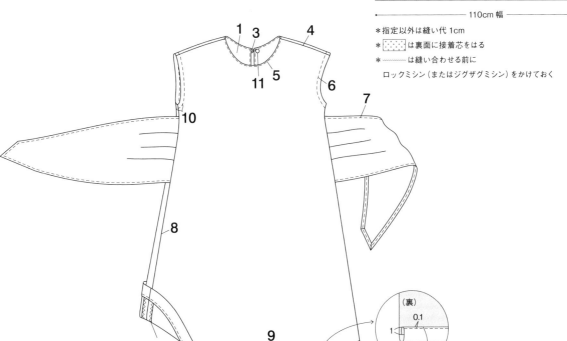

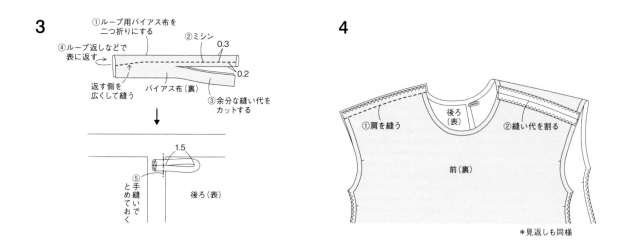

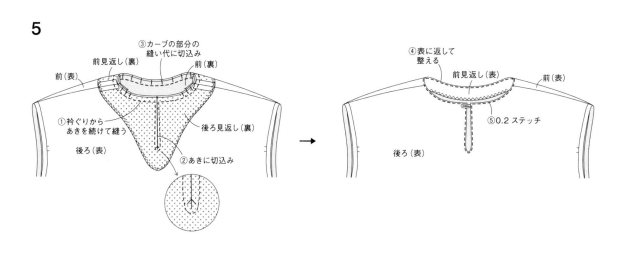

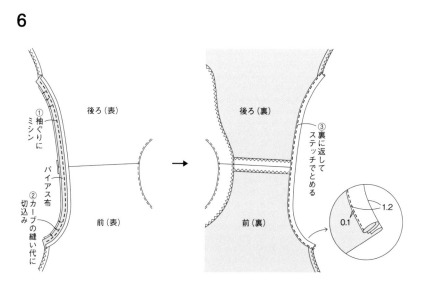

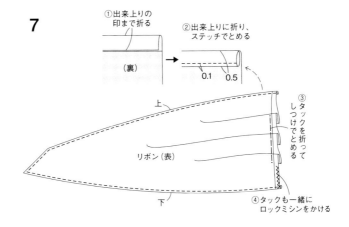
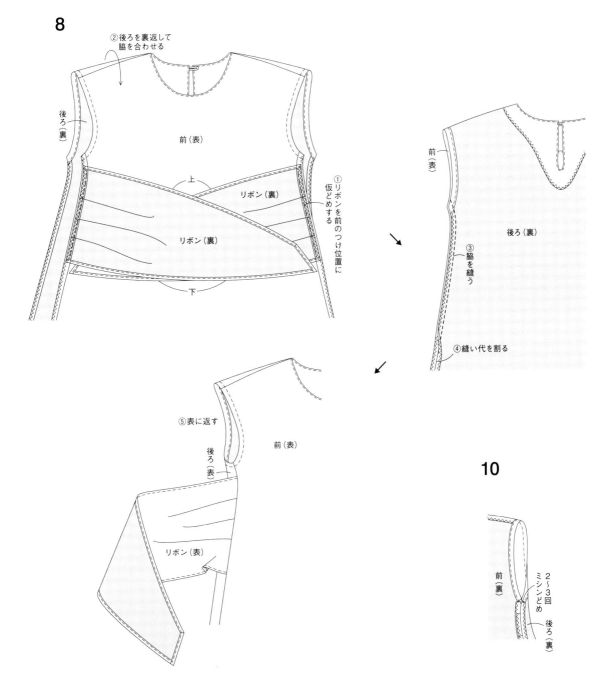

03B
袖口ダブルのVネックAラインワンピース
P.12　モデル身長172cm

出来上り寸法　左からS / M / L / 2L / 3L
バスト　96 / 100 / 104 / 108 / 112cm
着丈　100cm（5サイズ共通。丈は好みで調整する）

パターン　1表
03B 前、03B 後ろ、03B 袖、
03B 前見返し、03B 後ろ見返し

材料　全サイズ共通
やさしいリネン（チェック&ストライプ）　110cm幅
2m50cm
接着芯　60×20cm

作り方順序　＊印は図を参照
1　見返しに接着芯をはる。
2　裁合せ図に示した位置にロックミシンをかける。
3　見返しと身頃の肩をそれぞれ縫い、縫い代を割る（P.42 4を参照）。
4　衿ぐりを見返しで縫い返し、ステッチでとめる（P.71 4を参照）。＊
5　脇を縫い、縫い代を割る。
6　袖下を縫い、縫い代を割る。＊
7　カフスを折りたたみ、折り代をミシンどめ。
　　袖下の縫い目に折り上げた上端をとめる。＊
8　袖をつける。＊
9　裾を三つ折りミシンで始末する。

＊指定以外は縫い代1cm
＊ は裏面に接着芯をはる
＊ は縫い合わせる前にロックミシン（またはジグザグミシン）をかけておく

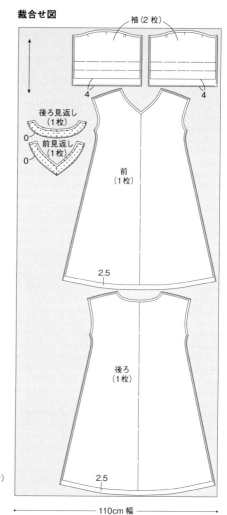

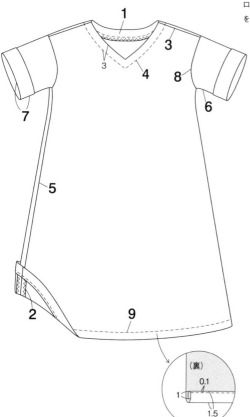

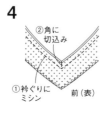

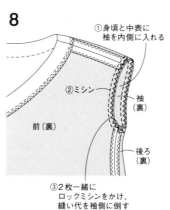

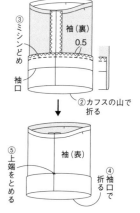

03C

ラウンドネックのAラインワンピース

P.13　モデル身長172cm

出来上り寸法 左からS / M / L / 2L / 3L
バスト　96 / 100 / 104 / 108 / 112cm
着丈　100cm（5サイズ共通。丈は好みで調整する）

パターン　1表
03C 前、03C 後ろ、03C 袖

材料　全サイズ共通
圧縮ニット（オカダヤ）140cm幅
2m20cm　＊伸縮性のないコットンやリネンでも同様に作れる。
バイアステープ　1.2cm幅80cm
　＊ミシン針、ミシン糸はニット用を使用。

作り方順序　＊印は図を参照
1　裁合せ図に示した位置にロックミシンをかける。
2　肩を縫い、縫い代を割る。
3　衿ぐりをバイアステープで始末する。＊
4　袖をつける。縫い代は袖側に倒す（P.77 5を参照）。
5　袖下から脇を続けて縫い、縫い代を割る（P.77 6を参照）。
6　袖口を出来上りに折ってステッチでとめる。
7　裾を出来上りに折ってステッチでとめる。

裁合せ図

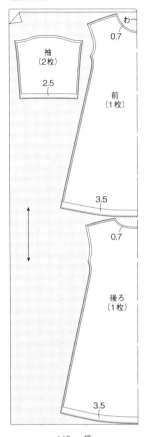

＊指定以外は縫い代1cm
＊――――は縫い合わせる前にロックミシン（またはジグザグミシン）をかけておく

04A
肩ギャザーのロングワンピース

P.14 モデル身長165cm

出来上り寸法 左から S / M / L / 2L / 3L
バスト　89.5 / 93.5 / 97.5 / 101.5 / 155.5cm
着丈　119cm（参考寸法。丈は好みで調整する）

パターン　1表
04A 前（上）（下）、04A 後ろ（上）（下）

材料　全サイズ共通
ナチュラルリネンガーゼ（オカダヤ）112cm 幅
2m70cm

作り方順序　*印は図を参照
1. 前身頃の肩にギャザーを均一に寄せ（*）、後ろ身頃と縫い合わせる。縫い代は2枚一緒にロックミシン（またはジグザグミシン）をかけて後ろ側に倒し、ステッチをかける。
2. 衿ぐりを縁とり布（P.79を参照）で始末する。*
3. 袖ぐりをバイアス布（P.79を参照）で始末する（P.42 6を参照）。
4. 脇を縫い、2枚一緒にロックミシンをかけ、後ろ側に倒す。
5. 裾を三つ折りミシンで始末する。
6. 袖ぐり下に、縫い代とめミシンをかける（P.37を参照）。

裁合せ図

*指定以外は縫い代1cm

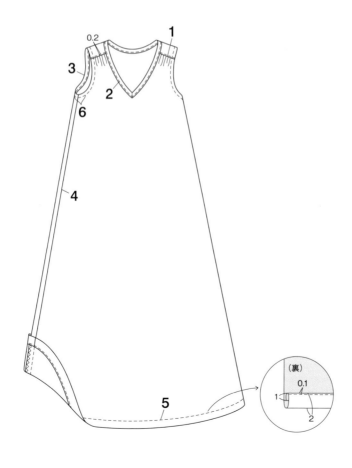

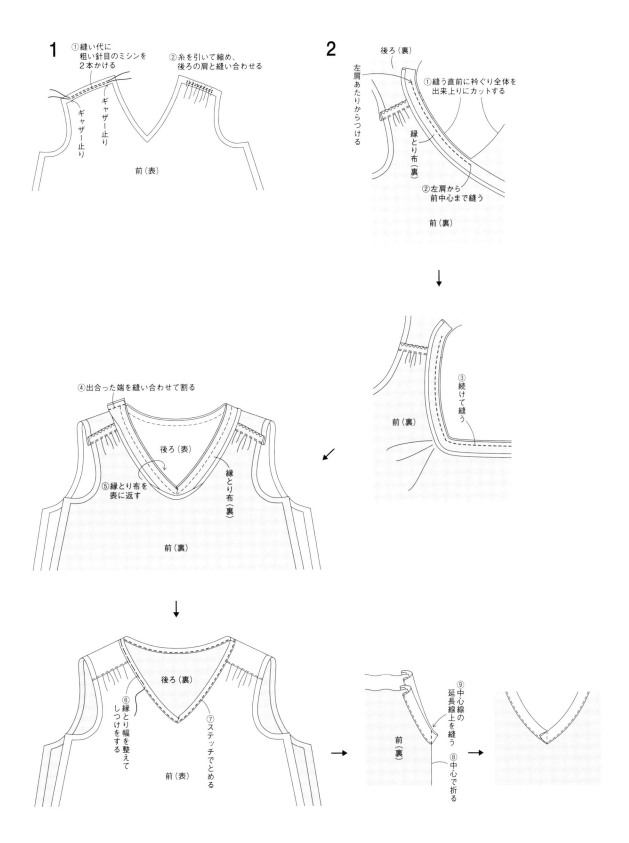

04B
肩ギャザーのローウエストワンピース

P.15　モデル身長172cm

出来上り寸法 左からS / M / L / 2L / 3L
バスト　89.5 / 93.5 / 97.5 / 101.5 / 155.5cm
着丈　99cm（参考寸法。丈は好みで調整する）

パターン　1表
04B 前（上）（下）、04B 後ろ（上）（下）、04B 前ひも通し布（前から写し取る）、04B 後ろひも通し布（後ろから写し取る）

材料　全サイズ共通
ナチュラルリネンガーゼ（オカダヤ）112cm幅
2m40cm

作り方順序　＊印は図を参照
1　ひも通し布を身頃につける。＊
2　前身頃の肩にギャザーを均一に寄せ（＊）、後ろ身頃と縫い合わせる。
　　縫い代は2枚一緒にロックミシン（またはジグザグミシン）をかけて後ろ側に倒し、ステッチをかける。
3　衿ぐりを縁とり布（P.79を参照）で始末する（P.47 2を参照）。
4　袖ぐりをバイアス布（P.79を参照）で始末する（P.42 6を参照）。
5　脇を縫い、2枚一緒にロックミシンをかけ、後ろ側に倒す。
6　裾にステッチをかける。
7　袖ぐり下に、縫い代とめミシンをかける（P.37を参照）。
8　ひもを縫い（＊）、ひも通しに通す。

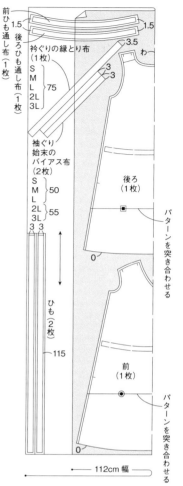

裁合せ図

＊指定以外は縫い代1cm

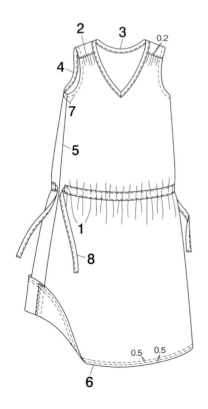

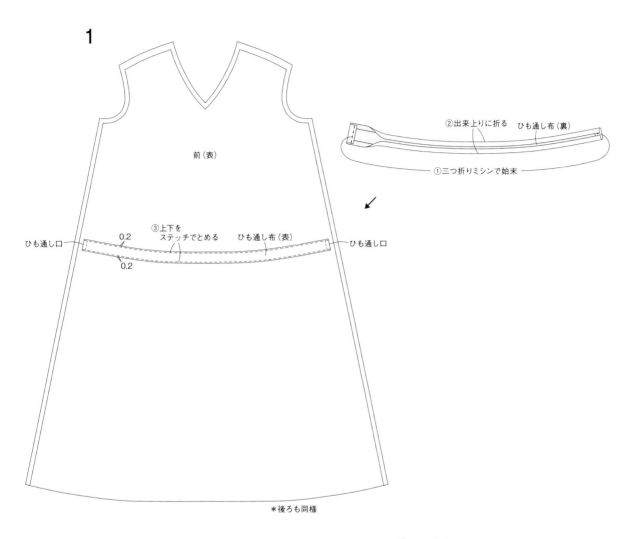
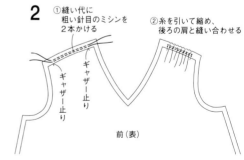
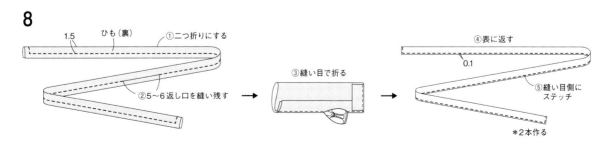

05A
バイカラーのポケットつきワンピース

P.16　モデル身長160cm

出来上り寸法　左からS / M / L / 2L / 3L
バスト　94 / 98 / 102 / 106 / 110cm
着丈　100.5cm（参考寸法。丈は好みで調整する）

パターン　1表

05A 前身頃、05A 後ろ身頃、05A 前スカート、05A 後ろスカート、05A 袖、05A ポケット

材料　全サイズ共通

やさしいリネン／グレイッシュピンク（チェック＆ストライプ）110cm幅 80cm

やさしいリネン／グレー（チェック＆ストライプ）110cm幅 1m60cm

作り方順序　＊印は図を参照

1　肩を縫い、縫い代を割る（P.42 4を参照）。
2　衿ぐりをバイアス布（P.79を参照）で始末する（P.45 3を参照）。
3　身頃の脇を縫い、縫い代を割る。＊
4　袖を作る。＊
5　袖をつける（P.44 8を参照）。
6　ポケットを作ってつける。＊
7　スカートの脇を縫い、縫い代は2枚一緒にロックミシンで始末して後ろ側に倒す（P.53を参照）。
8　裾を三つ折りミシンで始末する。
9　切替え線を縫い、縫い代は2枚一緒に始末して身頃側に倒す（P.53を参照）。

裁合せ図

グレイッシュピンク

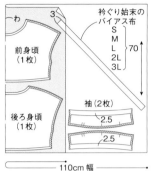

グレー

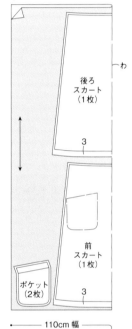

＊指定以外は縫い代1cm
＊～～～は縫い合わせる前にロックミシン（またはジグザグミシン）をかけておく

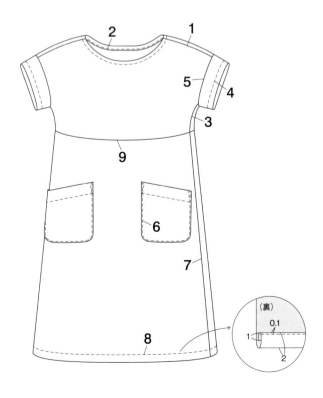

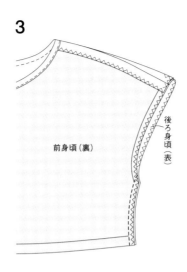
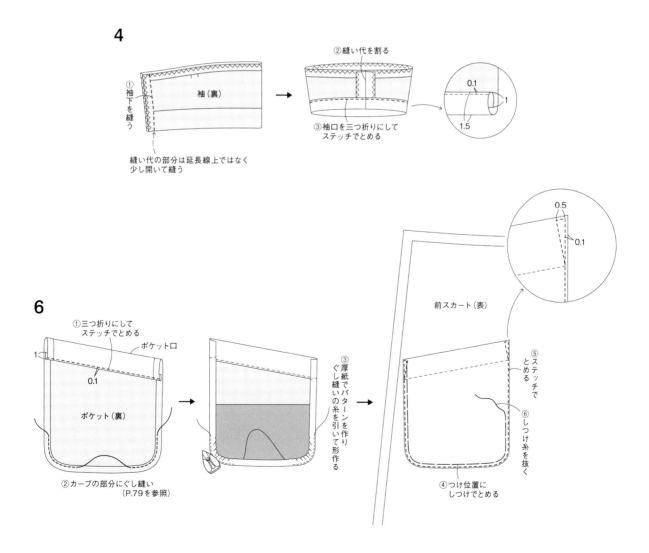

05B
バイカラーのフレンチスリーブワンピース
P.17　モデル身長170cm

出来上り寸法　左からS / M / L / 2L / 3L
バスト　94 / 98 / 102 / 106 / 110cm
着丈　100.5cm（参考寸法。丈は好みで調整する）

パターン　1表
05B 前身頃、05B 後ろ身頃、05B 前スカート、05B 後ろスカート

材料　全サイズ共通
カラーリネン / さんご（チェック&ストライプ）105cm幅
1m
カラーリネン / すみれグレー（チェック&ストライプ）105cm幅
1m30cm
バイアステープ　1.2cm幅 1m60cm

作り方順序　＊印は図を参照
1　肩を縫い、縫い代を割る（P.42 4を参照）。
2　衿ぐりをバイアステープで始末する（P.45 3を参照）。＊
3　袖ぐりをバイアステープで始末する（P.42 6を参照）。＊
4　身頃の脇を縫い、縫い代を割る。＊
5　スカートの脇を縫う。＊
6　スカートの裾を三つ折りミシンで始末する。＊
7　切替え線を縫い、縫い代は身頃側に倒す。＊
8　袖ぐり下の縫い代をミシンでとめる（P.37を参照）。

裁合せ図
さんご

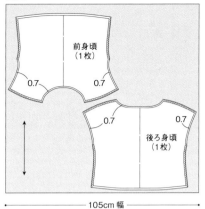

すみれグレー

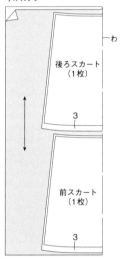

＊指定以外は縫い代1cm
＊～～～ は縫い合わせる前に
　ロックミシン（またはジグザグミシン）
　をかけておく

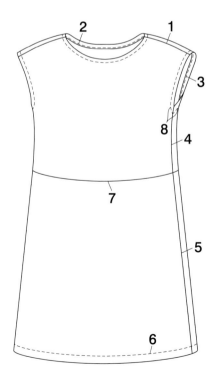

2, 3, 4

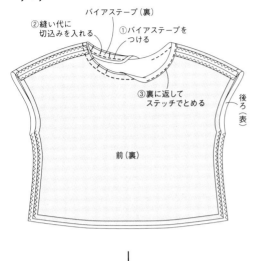

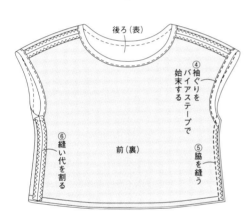

5, 6, 7

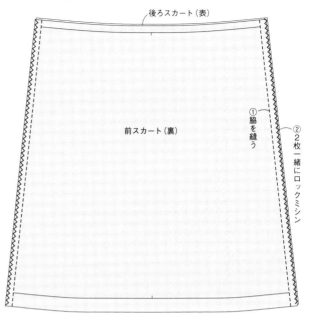

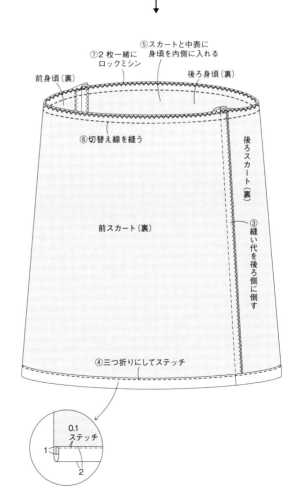

06

パネルフレアのワンピース

P.18　モデル身長169cm

出来上り寸法　左からS / M / L / 2L / 3L
バスト　99 / 103 / 107 / 111 / 115cm
着丈　103.5cm（参考寸法。丈は好みで調整する）

パターン　2裏
06 前（上）（下）、06 後ろ（上）（下）、06 後ろパネル、06 袖のまち

材料　全サイズ共通
レーヨン麻スペックツイル（オカダヤ）140cm幅
2m20cm
バイアステープ　1.2cm幅 85cm

作り方順序　＊印は図を参照
1　裁合せ図に示した位置にロックミシンをかける。
2　袖のまちをつける。＊
3　脇を縫う。＊
4　後ろのパネルをつける。＊
5　後ろ中心を縫う。＊
6　肩を縫い、縫い代を割る。
7　袖口を三つ折りミシンで始末する。
8　衿ぐりをバイアステープで始末する（P.45 3を参照）。
9　ひだ奥と前中心を縫う。＊
10　裾を三つ折りミシンで始末する。

裁合せ図

＊指定以外は縫い代1cm
＊ーーーーーは縫い合わせる前に
　ロックミシン（またはジグザグミシン）
　をかけておく

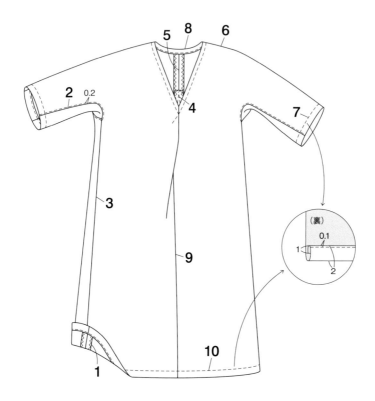

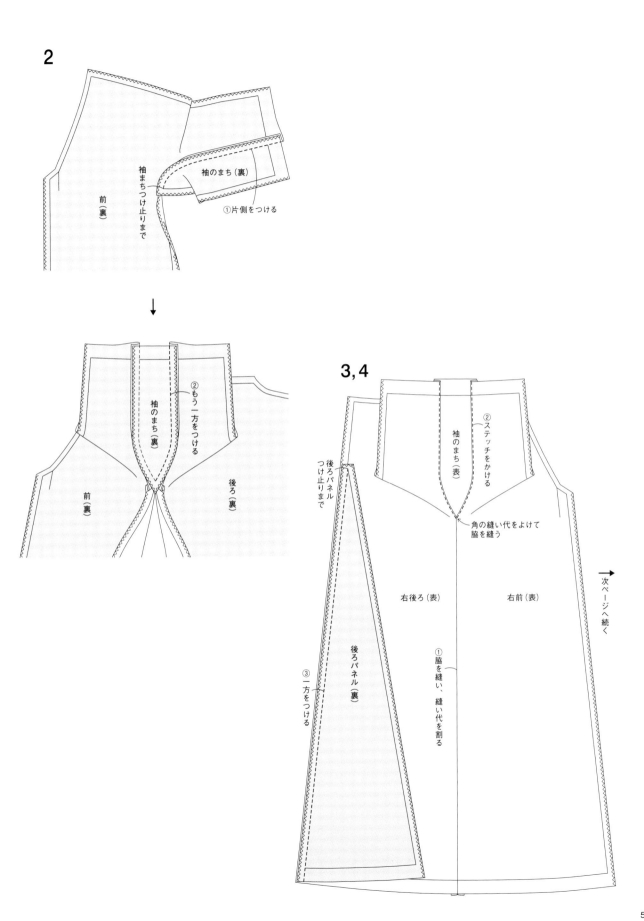

4,5

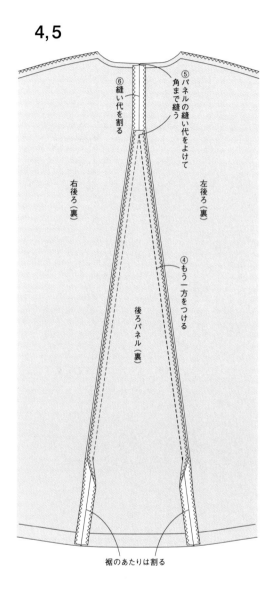

9

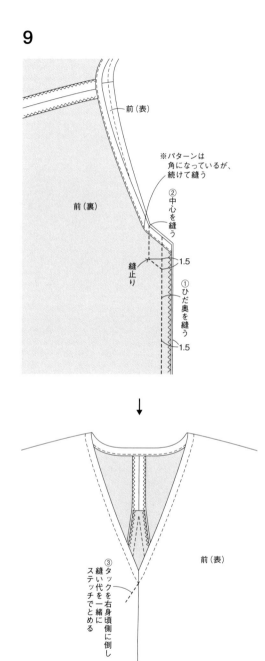

07A
ノースリーブのVネックワンピース
P.20　モデル身長160cm

出来上り寸法　左からS / M / L / 2L / 3L
バスト　89 / 93 / 97 / 101 / 105cm
着丈　98.5cm（参考寸法。丈は好みで調整する）

パターン　2裏
07A 前、07A 後ろ、07A 前衿ぐり見返し、07A 後ろ衿ぐり見返し、07A 袖ぐり見返し

材料　全サイズ共通
ベルギーリネン（オカダヤ）110cm幅
2m20cm
接着芯　90cm幅 40cm

作り方順序　＊印は図を参照
1　裁合せ図に示した位置に接着芯をはり、ロックミシンをかける。
2　ダーツを縫う（P.59を参照）。
3　身頃と衿ぐり見返しの肩をそれぞれ縫い、縫い代を割る（P.42 4を参照）。
4　衿ぐり見返しをつける（P.71 4を参照）。
5　身頃と袖ぐり見返しの脇をそれぞれ縫い、縫い代を割る。
6　袖ぐり見返しをつける。＊
7　裾を三つ折りミシンで始末する。

＊指定以外は縫い代1cm
＊ ┊┊┊ は裏面に接着芯をはる
＊ ──── は縫い合わせる前に
ロックミシン（またはジグザグミシン）
をかけておく

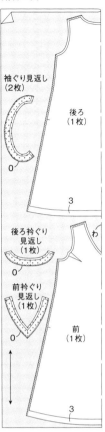

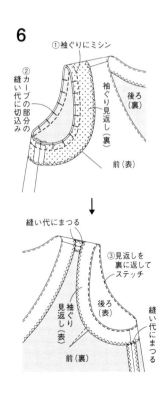

07B
ノースリーブのボートネックワンピース
P.21　モデル身長169cm

出来上り寸法　左からS / M / L / 2L / 3L
バスト　89 / 93 / 97 / 101 / 105cm
着丈　98.5cm（参考寸法。丈は好みで調整する）

パターン　2裏
07B前、07B後ろ、07B前見返し、07B後ろ見返し

材料　全サイズ共通
ベルギーリネン（オカダヤ）110cm幅
2m50cm
接着芯　75×45cm

作り方順序　＊印は図を参照
1　見返しに接着芯をはり、裁合せ図に示した位置にロックミシンをかける。
2　ダーツを縫う。＊
3　前後それぞれ見返しをつける。＊
4　肩を縫う。＊
5　脇を縫う。＊
6　衿ぐりと袖ぐりにステッチをかける。＊
7　裾を三つ折りミシンで始末する。
8　見返しの脇を身頃の脇縫い代にまつってとめる。＊

裁合せ図

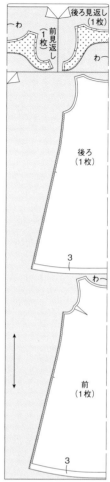

110cm幅

＊指定以外は縫い代1cm
＊ ▦ は裏面に接着芯をはる
＊ ———— は縫い合わせる前に
　ロックミシン（またはジグザグミシン）
　をかけておく

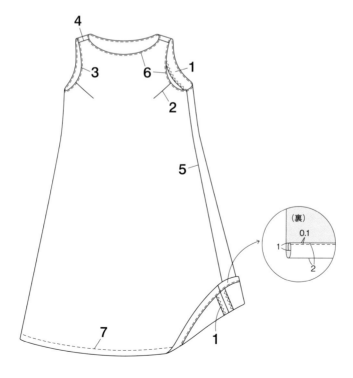

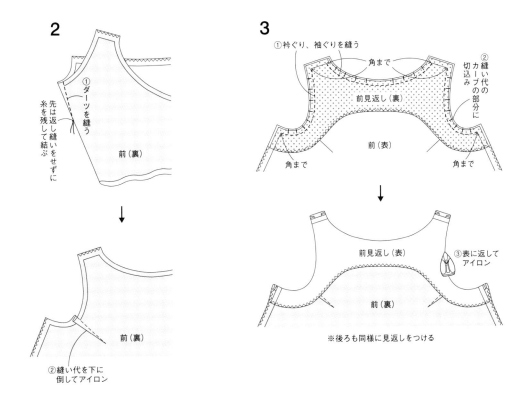

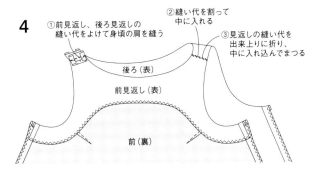

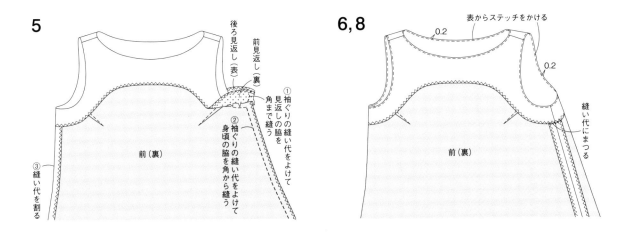

08

前タックのスクエアネックワンピース

P.22　モデル身長165cm

出来上り寸法　左からS / M / L / 2L / 3L

バスト　102.5 / 106.5 / 110.5 / 114.5 / 118.5cm

着丈　97cm（参考寸法。丈は好みで調整する）

パターン　1表

08 前、08 後ろ、08 前見返し、08 後ろ見返し

材料　全サイズ共通

ソフトローン（オカダヤ）106cm幅
2m20cm
接着芯　55×25cm

作り方順序　*印は図を参照

1　見返しに接着芯をはり、裁合せ図に示した位置にロックミシンをかける。
2　タックを縫う。*
3　身頃と見返しの肩をそれぞれ縫い、縫い代を割る。
4　見返しをつけてステッチをかける。*
5　袖ぐりをバイアス布（P.79を参照）で始末する（P.42 6を参照）。
6　脇を縫い、縫い代を割る。
7　袖ぐり下に、縫い代とめミシンをかける（P.37を参照）。
8　裾を三つ折りミシンで始末する。

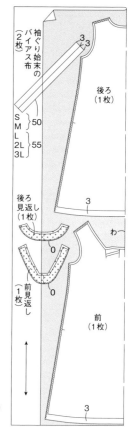

裁合せ図

＊指定以外は縫い代1cm
＊ は裏面に接着芯をはる
＊ は縫い合わせる前にロックミシン（またはジグザグミシン）をかけておく

106cm幅

09

ギャザースリーブのワンピース

P.24　モデル身長165cm

出来上り寸法　左からS / M / L / 2L / 3L

バスト　89 / 93 / 97 / 101 / 105cm

着丈　97.6cm（Mサイズの場合）

パターン　2裏

09前身頃、09後ろ身頃、09前後スカート、
09見返し、09フリル、09脇布

材料

リバティプリント／メアリー・ジーン（リバティジャパン）108cm幅

S、Mは2m40cm

L、2L、3Lは3m

接着芯　10×20cm

スプリングホック　1組み

作り方順序　*印は図を参照

1　見返しに接着芯をはり、ロックミシンをかける。
2　肩を縫い、縫い代は2枚一緒にロックミシンをかけて後ろ側に倒す。
3　衿ぐりをバイアス布（P.79を参照）と見返しで始末する。*
4　身頃の脇を縫い、縫い代は2枚一緒にロックミシンをかけて後ろ側に倒す。
5　脇布の袖ぐりをバイアス布（P.79を参照）で始末する。*
6　フリルを作り、袖ぐり側にギャザーを寄せる。*
7　フリルを身頃につける。*
8　脇布を身頃につける。*
9　スカートの脇を縫い、縫い代は2枚一緒に
　　ロックミシンをかけて後ろ側に倒す（P.53を参照）。
10　スカートの裾を三つ折りミシンで始末する。
11　スカートのウエストにギャザーを寄せる（P.79を参照）。
12　身頃とスカートを縫い合わせ、縫い代は2枚一緒に
　　ロックミシンをかけて身頃側に倒す（P.53を参照）。
13　あきにホックをつける（P.79を参照）。

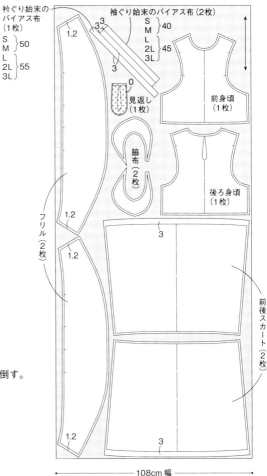

裁合せ図

*指定以外は縫い代1cm
* ░░ は裏面に接着芯をはる
* ──── は縫い合わせる前に
　ロックミシン（またはジグザグミシン）をかけておく

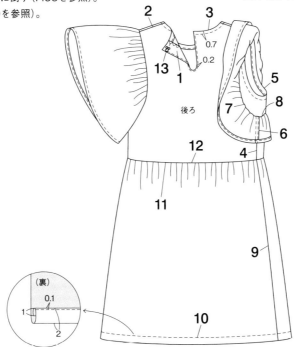

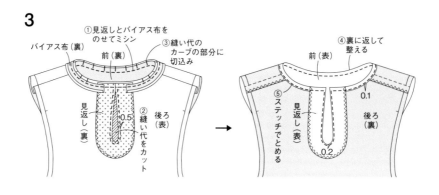

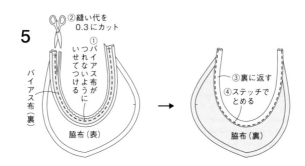

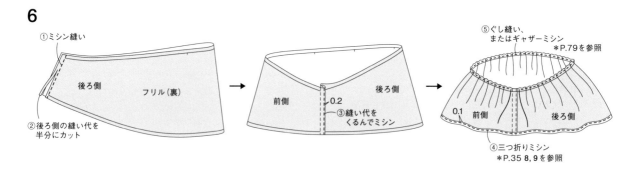

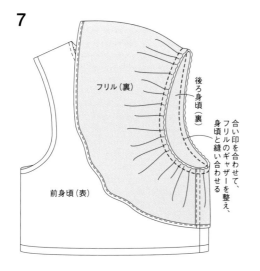

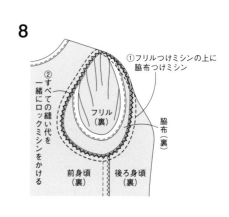

10
カシュクールドレープワンピース
P.25　モデル身長169cm

出来上り寸法　左からS / M / L / 2L / 3L
バスト　91.4 / 95.4 / 99.4 / 103.4 / 107.4cm
着丈　97.5cm（参考寸法。丈は好みで調整する）

パターン　1裏
10右前（上）（下）、10左前、10後ろ、10内側スカート、10袖

材料
ローン・コットンレース（fab-fabric sewing studio）128cm幅
S、Mは2m50cm
Lは2m60cm
2L、3Lは2m70cm
柔らかいリボン　1cm幅40cmを2本
バイアステープ　1.2cm幅30cm
くるみボタン　直径3.8cmを1個
力ボタン（小さめの平らなボタン）1個

作り方順序　＊印は図を参照
1　布ループを作り（P.42 3を参照）、右前にミシンでとめる。くるみボタンを作る。
2　右前の裾を三つ折りミシンで始末する。
3　内側スカートのウエストを始末し、リボンをとめる。＊
4　後ろ衿ぐりをバイアステープで始末する（P.45 3を参照）。＊
5　左前に内側スカートをつける。＊
6　肩を縫う。＊
7　左脇を縫い、縫い代は2枚一緒にロックミシンをかけて後ろ側に倒す。
8　内側スカート、左前、後ろの裾を三つ折りミシンで始末する。
9　右前、後ろ、内側スカートの右脇を3枚合わせて縫う。＊
10　袖下を縫い、縫い代は2枚一緒にロックミシンをかけて後ろ側に倒す。＊
11　袖をつける。＊
12　ボタンをつける。＊

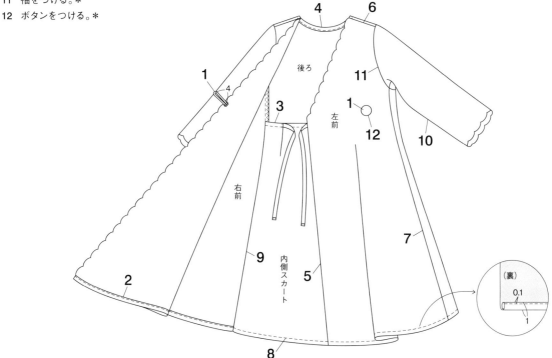

裁合せ図

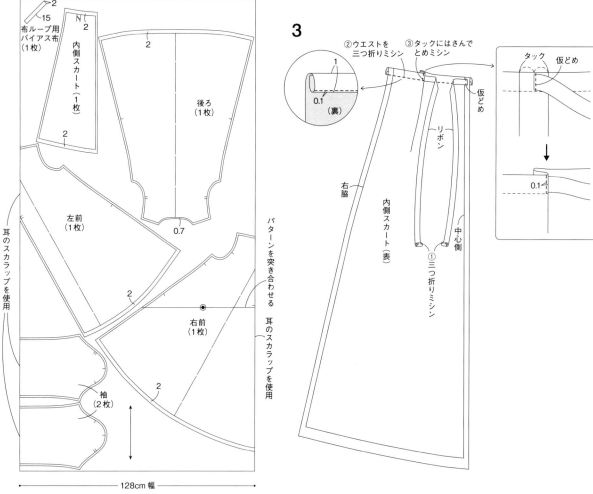

*指定以外は縫い代 1cm

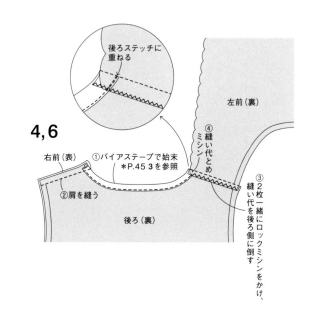

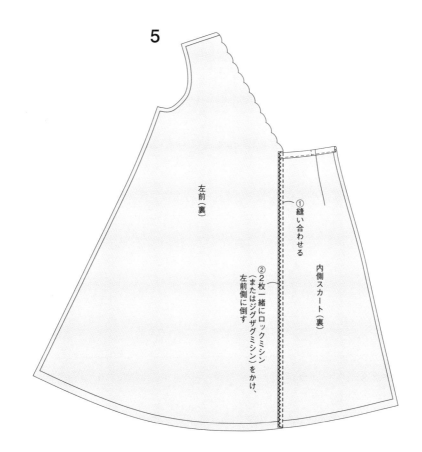
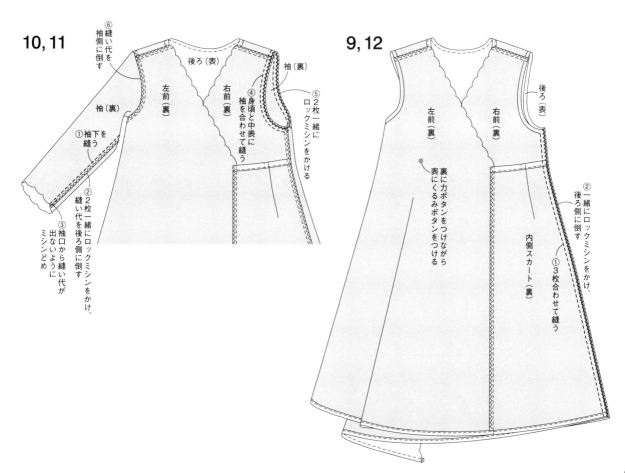

11

クロスタックワンピース

P.26　モデル身長172cm

出来上り寸法 左からS / M / L / 2L / 3L

バスト　91 / 95 / 99 / 103 / 107cm

着丈　103cm（参考寸法。丈は好みで調整する）

パターン　1裏

11前身頃、11後ろ身頃、11前スカート、11後ろスカート、
11袖、11向う布、11袋布

材料

スタンダードリネン（オカダヤ）137cm幅

S、Mは1m90cm

L、2L、3Lは2m10cm

スレキ（袋布分）　90×35cm（全サイズ共通）

接着テープ　1cm幅 35cm

作り方順序　＊印は図を参照

1　裁合せ図に示した位置にロックミシンをかける。
2　後ろ中心を縫い、縫い代を割る。
3　肩を縫い、縫い代を割る（P.42 4を参照）。
4　衿ぐりとあきを始末する。＊
5　身頃の脇を縫い、縫い代を割る。
6　袖下を縫い、縫い代を割り、袖口を三つ折りミシンで始末する。
7　袖をつける（P.44 8を参照）。縫い代は2枚一緒にロックミシンをかけて袖側に倒す。
8　前スカートのポケット口の縫い代に接着テープをはる。
　ポケット口を残してスカートの脇を縫う。縫い代は割る。
9　ポケットを作る。＊（P.68）
10　裾を三つ折りミシンで始末する。
11　タックを折って仮どめし、ウエストを縫い合わせる。＊
12　ホックをつける（P.79を参照）。

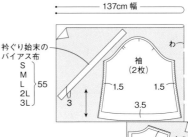

裁合せ図

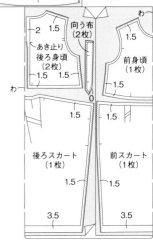

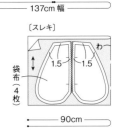

＊指定以外は縫い代1cm

＊――――は縫い合わせる前に
　ロックミシン（またはジグザグミシン）
　をかけておく

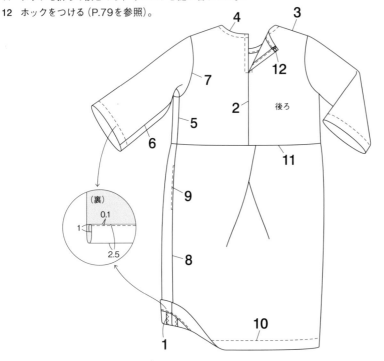

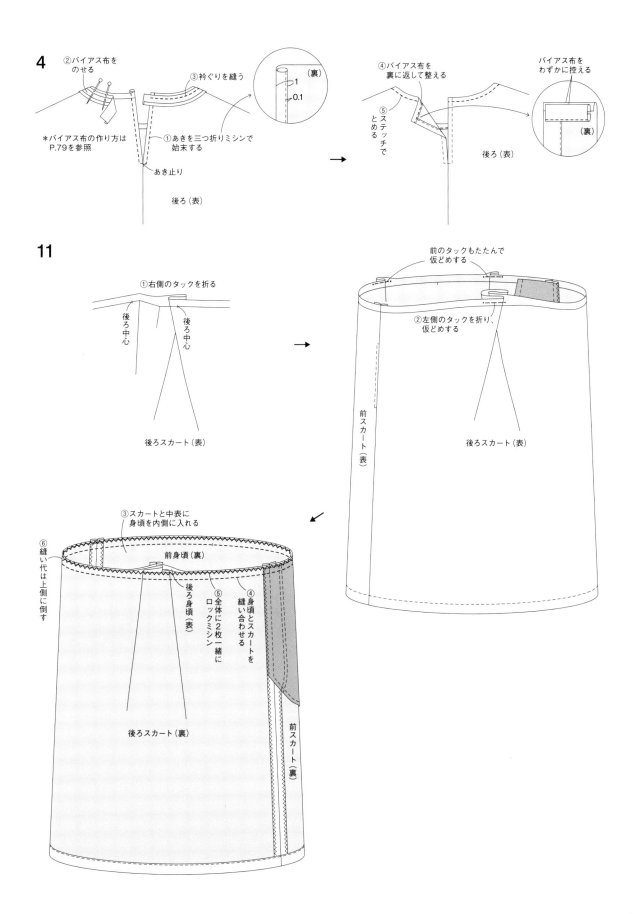

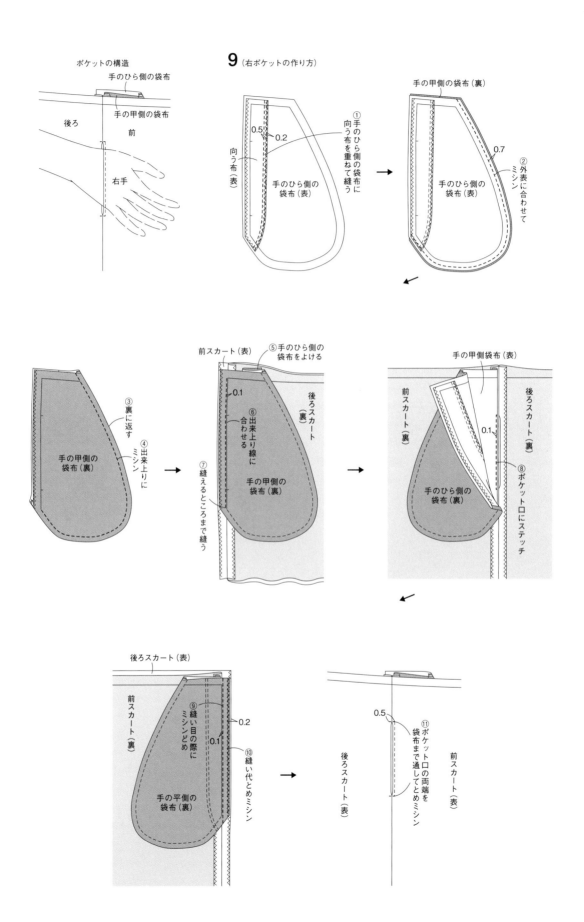

12
シンプルラインのフレンチスリーブワンピース
P.28　モデル身長169cm

出来上り寸法　左からS / M / L / 2L / 3L
バスト　97 / 101 / 105 / 109 / 113cm
着丈　95cm（参考寸法。丈は好みで調整する）

パターン　2 裏
12 前、12 後ろ

材料　全サイズ共通
ウールサージ（オカダヤ）148cm 幅
1m10cm
バイアステープ 1.2cm 幅 1m70cm

作り方順序　＊印は図を参照
1　裁合せ図に示した位置にロックミシンをかける。
2　ダーツを縫い、縫い代を下に倒す（P.59を参照）。
3　肩を縫い、縫い代を割る（P.42 4を参照）。
4　衿ぐりをバイアステープで始末する。＊
5　袖ぐりをバイアステープで始末する。＊
6　脇を縫い、縫い代を割る。＊
7　裾を三つ折りミシンで始末する。
8　袖ぐり下に縫い代とめミシンをかける。＊

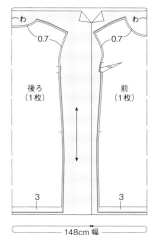

裁合せ図

148cm幅

＊指定以外は縫い代 1cm
＊……… は縫い合わせる前に
　ロックミシン（またはジグザグミシン）
　をかけておく

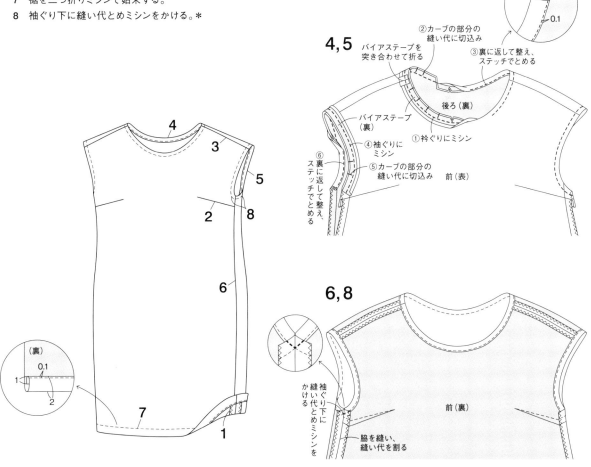

13 袖口タックのワンピース

P.29　モデル身長170cm

出来上り寸法　左からS / M / L / 2L / 3L
バスト　99 / 103 / 107 / 111 / 115cm
着丈　95.5cm（参考寸法。丈は好みで調整する）

パターン　2表
13前、13後ろ、13袖、13カフス、13前見返し、13後ろ見返し

材料
やさしいリネン（チェック＆ストライプ）110cm幅
S、M、Lは2m10cm
2L、3Lは2m40cm
接着芯　60×15cm（全サイズ共通）

作り方順序　＊印は図を参照
1. 見返しに接着芯をはり、裁合せ図に示した位置にロックミシンをかける。
2. 前のタックを縫い、縫い代を中心側に倒す。＊
3. 身頃と見返しの肩をそれぞれ縫い、縫い代を割る（P.42 4を参照）。
4. 衿ぐりに見返しをつけ、ステッチでとめる。＊
5. 袖のタックを折り、仮どめする。
6. 袖をつける（P.77 5を参照）。
7. 袖下から脇を縫い、縫い代を割る（P.77 6を参照）。
8. カフスを作り、袖口につける。＊
9. 裾を三つ折りミシンで始末する。

裁合せ図

＊指定以外は縫い代1cm
＊ は裏面に接着芯をはる
＊ ──── は縫い合わせる前にロックミシン（またはジグザグミシン）をかけておく

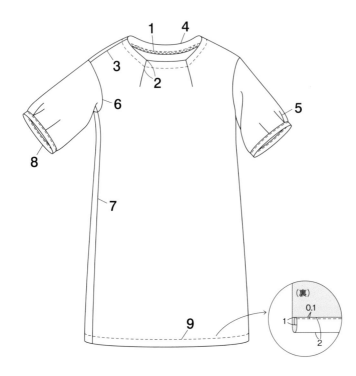

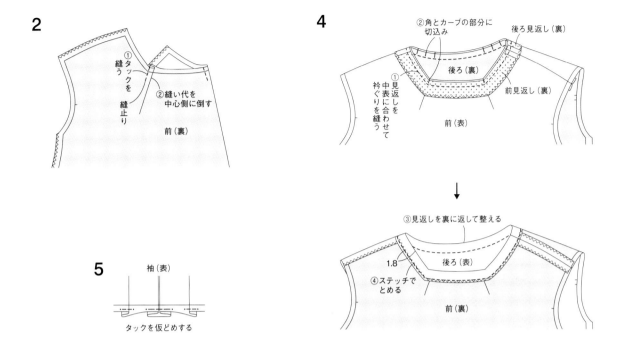
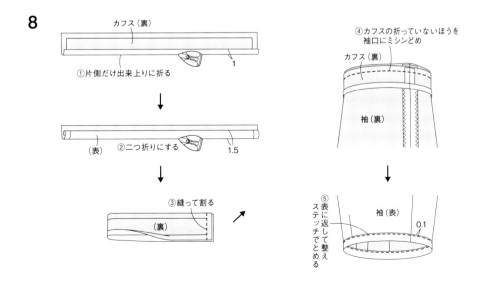

14B

セットアップのセパレートワンピース

P.31　モデル身長165cm

出来上り寸法　左からS / M / L / 2L / 3L
バスト　91 / 95 / 99 / 103 / 107cm
トップの着丈　46cm（参考寸法。丈は好みで調整する）
スカート丈　66cm（参考寸法。丈は好みで調整する）

パターン　1裏

14 前、14 後ろ、14 袖、14 前スカート
（後ろスカートは布地に直接寸法をかいて裁つ）

材料

ピケ・コットンレース（fab-fabric sewing studio）108cm 幅
S、Mは2m10cm
L、2L、3Lは2m60cm
ゴムテープ　3cm幅 30cm
　　　　　（全サイズ共通。着用してちょうどいい長さにカット）
接着テープ　1cm幅 50cm（全サイズ共通）
バイアステープ　1.2cm幅 1m（全サイズ共通）

作り方順序　＊印は図を参照

1. 裁合せ図に示した位置にロックミシンをかける。
2. 衿ぐりをバイアステープで始末する（P.45 3を参照）。＊
3. 身頃の切替え線を縫う。＊
4. 袖をつける（P.77 5を参照）。
5. 袖下、脇を縫い、縫い代を割る（P.77 6を参照）。
6. 袖口を三つ折りミシンで始末する。
7. 身頃の裾を三つ折りミシンで始末する。
8. 前スカートのウエスト縫い代に伸び止めの接着テープをはり（P.78 9を参照）。バイアステープで始末する。＊
9. 切替え線を縫う。＊
10. 後ろスカートのウエストを始末する。＊
11. スカートの裾を三つ折りミシンで始末する。

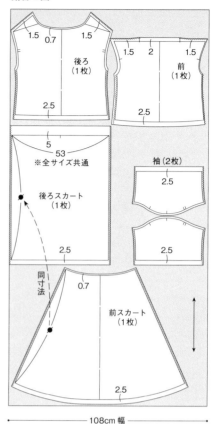

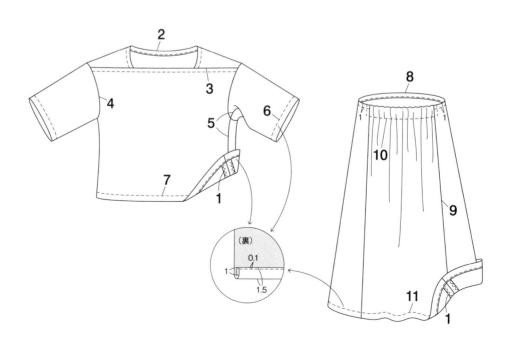

2,3

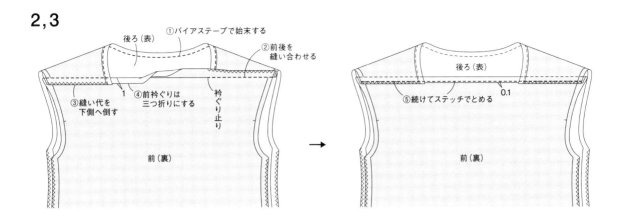

8,9

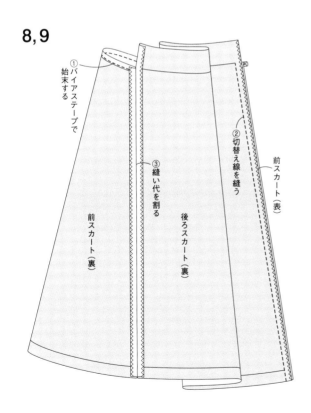

10

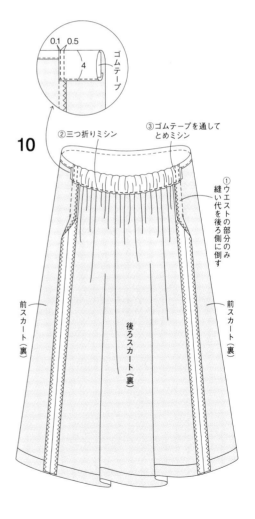

15
アンダードレス
P.32

出来上り寸法 左からS / M / L / 2L / 3L
バスト　88 / 92 / 96 / 100 / 104cm
着丈　82cm（参考寸法。丈は好みで調整する）

パターン　1裏
15 前、15 後ろ

材料
サップ（オカダヤ）122cm 幅
S、M は 1m20cm
L、2L は 1m40cm
3L は 1m60cm

作り方順序　＊印は図を参照
1　前後それぞれ上端を始末する。＊
2　脇を縫い、縫い代を2枚一緒にロックミシン（またはジグザグミシン）で始末し、後ろ側に倒す。
3　袖ぐりを縁とり布（P.79を参照）で始末し、続けてつりひもを縫う。＊
4　裾を三つ折りミシンで始末する。

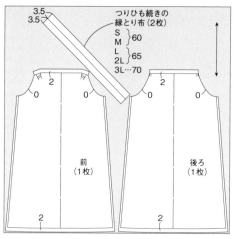

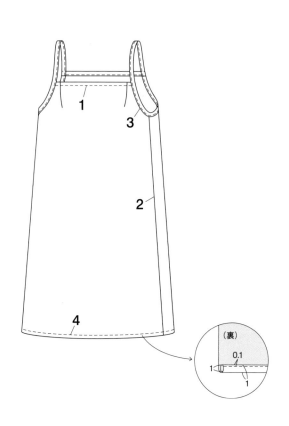

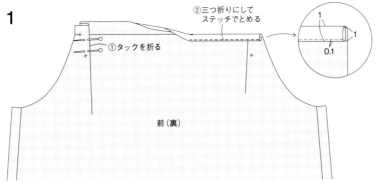
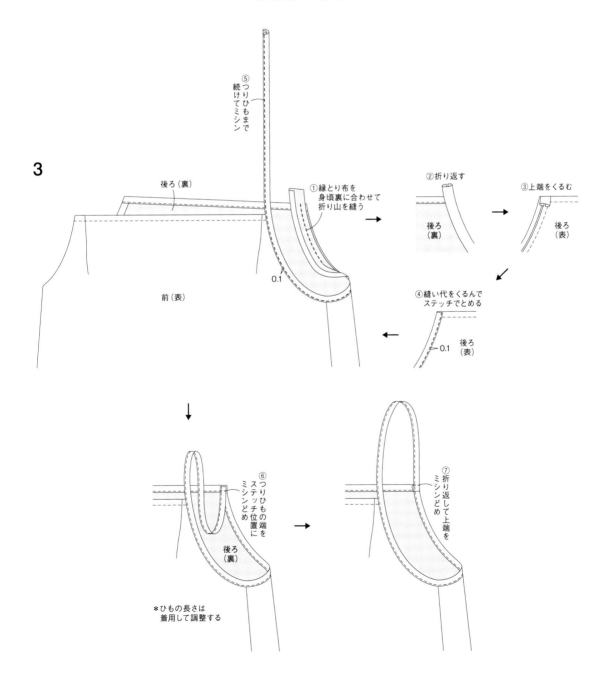

14A
セットアップのセパレートワンピース
P.30　モデル身長170cm

出来上り寸法　左からS / M / L / 2L / 3L
バスト　91 / 95 / 99 /
　　　　103 / 107cm
トップの着丈　46cm
スカート丈　66cm
（参考寸法。丈は好みで調整する）

パターン　1裏
14 前、14 後ろ、14 袖、14 衿ぐり見返し、
14 前スカート、14 前スカート見返し
（後ろスカートは布地に直接寸法をかいて裁つ）

材料　全サイズ共通
ウールサキソニー（fab-fabric sewing studio）150cm 幅
1m90cm（布地の柄合せのため
　　　　20cm多く見積もってあります）
接着芯　90cm 幅 30cm
接着テープ　1cm 幅 50cm
ゴムテープ　3cm 幅 30cm
　　　　（全サイズ共通。
　　　　　着用してちょうどいい長さにカット）

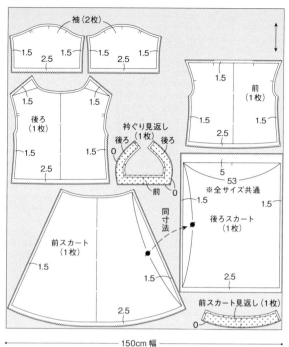

＊指定以外は縫い代1cm
＊ は裏面に接着芯をはる
＊ は縫い合わせる前に
　ロックミシン（またはジグザグミシン）をかけておく

裁ち方ポイント
前後の脇縫い目で柄が合うようにパターンを置いて裁ちます。

作り方順序　＊印は図を参照
1　見返しに接着芯をはり、裁合せ図に示した位置にロックミシンをかける。
2　身頃の切替え線を縫う。＊
3　見返しの後ろ中心を縫い、縫い代を割る。
4　衿ぐりに見返しをつける。＊
5　袖をつける。＊
6　袖下と脇を縫い、縫い代を割る。＊
7　袖口を出来上りに折り、ステッチでとめる。
8　身頃の裾を出来上りに折り、ステッチでとめる。
9　前スカートに見返しをつける。＊
10　スカートの切替え線を縫う。＊
11　ウエストにステッチをかけ、ゴムテープを通す。＊
12　裾を出来上りに折り、奥をまつる。＊

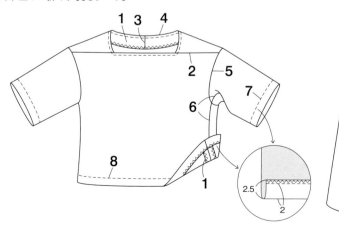
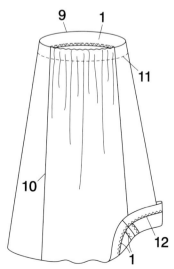

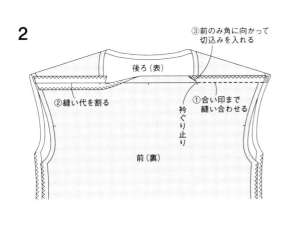
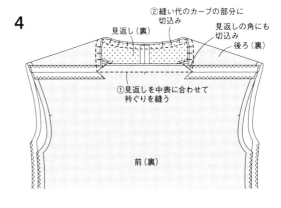
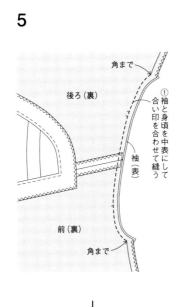
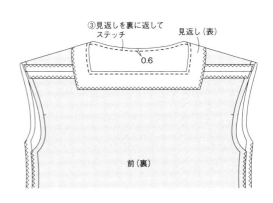
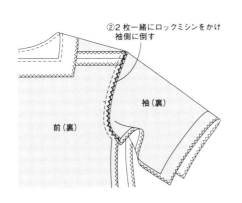
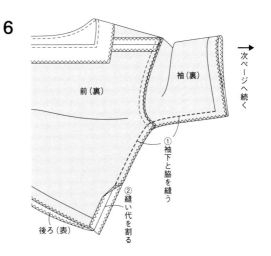

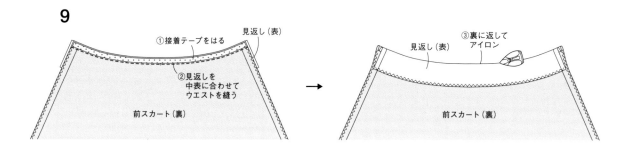
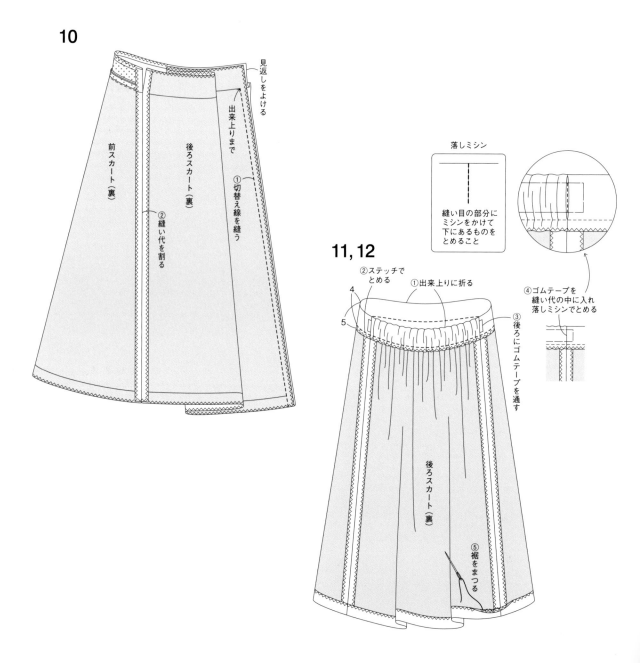

部分縫い　作品によく使われているテクニックです。作り方ページと併せて参考にしてください。

縫い代を割る　　縫い代を片側に倒す　　三つ折りミシン

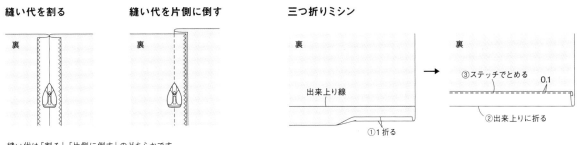

縫い代は「割る」「片側に倒す」のどちらかです。
アイロンでその都度押さえると仕上りがきれいです。

衿ぐり、袖ぐり始末のバイアス布の作り方

※縁とり布、バイアス布は「テープメーカー」が
　手に入れば使うと便利。その場合、用意する
　バイアス布の幅が違うので説明書を参考にする。

縁とり布の作り方

※バイアス布の性質上、折っていくと
　布地が伸びて幅が狭くなる。布地の
　素材によって多少違うので注意。

ギャザーの寄せ方

ぐし縫い　　　　　　　　　　　　　　　ギャザーミシン

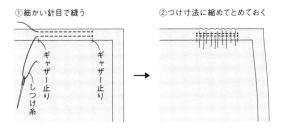
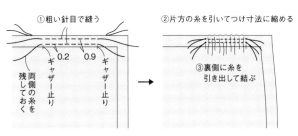

ホック（スプリングホック）のつけ方

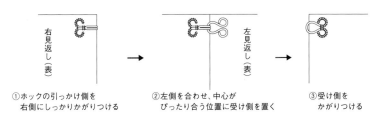

Quoi?Quoi? [コアコア]

久文麻未と三代朝美によるソーイングと手芸のユニット。
同じアパレルメーカーで先輩後輩として出会い、退職後、活動を始める。
"Quoi?Quoi?"とはフランス語で"なぜ?なぜ?"という意味を持つ。
ベーシックな中にもかわいいムードを持ったソーイングを提案している。
著書に『ほんのりスイート デイリーウェア』『いつも、カシュクール。』『エブリデイサロペット』(文化出版局)がある。

撮影　松原博子
スタイリング　岡尾美代子
ヘア&メーク　茅根裕己(Cirque)
モデル　立花恵理(ViVi model)、リー・モモカ、甲田益也子、うてな、倫子
アートディレクション　井上庸子
本文デジタルトレース　文化フォトタイプ
パターントレース　アズワン(白井史子)
パターングレーディング　上野和博
校閲　向井雅子
作り方解説　鈴木光子
編集　田中 薫(文化出版局)

材料協力
オカダヤ新宿本店
東京都新宿区新宿 3-23-17
tel.03-3352-5411 http://www.okadaya.co.jp/shinjuku

チェック&ストライプ吉祥寺店
東京都武蔵野市吉祥寺本町 2-31-1 山崎ビル 1F
tel.0422-23-5161 http://checkandstripe.com

fab-fabric sewing studio
福岡市南区長丘 5-24-22 長丘EMビル 2F
tel.092-552-2323 http://fab-fabric.com

リバティジャパン
東京都中央区銀座 1-3-9 マルイト銀座ビル 5F
tel.03-3563-0891 http://www.liberty-japan.co.jp

衣装協力
QUICO (02A、06、10の靴/すべてQUICO)
tel.03-5464-0912

GLASTONBURY (01B、03A、07A、12の靴/すべてSANDERS)
tel.03-6231-0213

ストン と ワンピース

発行　2015年 3月29日　第 1 刷
　　　2022年 5月 2日　第11刷

著者　Quoi?Quoi?
発行者　濱田勝宏
発行所　学校法人文化学園 文化出版局
　　　〒151-8524　東京都渋谷区代々木 3-22-1
　　　電話 03-3299-2485(編集) 03-3299-2540(営業)
印刷・製本所　株式会社文化カラー印刷

©Mami Hisafumi, Asami Mishiro 2015 Printed in Japan
本書の写真、カット及び内容の無断転載を禁じます。

・本書のコピー、スキャン、デジタル化等の無断複製は著作権法上での例外を除き、禁じられています。本書を代行業者等の第三者に依頼してスキャンやデジタル化することは、たとえ個人や家庭内での利用でも著作権法違反になります。
・本書で紹介した作品の全部または一部を商品化、複製頒布、及びコンクールなどの応募作品として出品することは禁じられています。
・撮影状況や印刷により、作品の色は実物と多少異なる場合があります。ご了承ください。

文化出版局のホームページ　http://books.bunka.ac.jp